ERDE · WASSER
FEUER · LUFT

GABRIELE BEYERLEIN ERZÄHLT VOM GLETSCHERMANN

Bilder von
Tilman Michalski

Verlag Friedrich Oetinger · Hamburg

Gabriele Beyerlein, 1949 in Roding/Oberpfalz geboren. War nach dem Psychologie-Studium als wissenschaftliche Angestellte in sozialwissenschaftlichen Forschungsprojekten und später freiberuflich als Dozentin in der Erwachsenenbildung tätig. Inzwischen hat sie sich als Autorin vor- und frühgeschichtlicher Erzählungen für Kinder und Jugendliche einen Namen gemacht. In der Oetinger Kindersachbuch-Reihe ERDE · WASSER · FEUER · LUFT erschienen von ihr bisher die Bände »Gabriele Beyerlein erzählt von den Steinzeitjägern« und »Gabriele Beyerlein erzählt vom Mittelalter«.

Einbandgestaltung: Manfred Limmroth
Titelbild und Illustrationen: Tilman Michalski
Satz: Lichtsatz Wandsbek, Hamburg
Lithos: Die Litho, Hamburg
Druck und Bindung: Graphischer Großbetrieb Pößneck GmbH
Printed in Germany 1993

ISBN 3-7891-7510-2

Würdest du das für möglich halten: Du steigst hoch oben in den Alpen, in 3200 m Höhe, ein Schneefeld hinunter. Plötzlich entdeckst du wenige Schritte von dir entfernt den gefrorenen Leichnam eines Mannes, der an dieser Stelle vor rund 5000 Jahren ums Leben gekommen ist!
Unvorstellbar? Eigentlich schon.
Und doch ist genau dies im September 1991 geschehen. Nicht dir und nicht mir, aber einem Ehepaar aus Nürnberg, das in den Ötztaler Alpen in Südtirol ganz nahe der österreichischen Grenze gewandert ist.
Was mag geschehen sein, damals vor etwa 5000 Jahren? Genau werden wir es nie erfahren.
Aber vermutlich wollte der Mann, dessen Körper nun in einer Tiefkühltruhe ruht, den Alpenhauptkamm überqueren.
Vielleicht war es so: Der Mann stieg im Spätsommer oder Frühherbst über die Alpen. Ganz plötzlich schlug das Wetter um. Blitze zuckten vom Himmel, schlugen

ÖTZTALER GRUPPE
3597
SIMILAUN
VENT
1896
FUNDORT
TISENTAL
SCHNALSTAL
ETSCH
MERAN

INNS-BRUCK
KÖCHER MIT PFEILEN
FEUERSTEIN-MESSER
0 0,5 1 1,5 2 2,5m
GRASGEFLECHT
FELLMÜTZE
BIRKENRINDEN-BECHER
BOGEN
N
BEIL
TRAGE-GESTELL
BRIXEN
ETSCH
BOZEN

in der Nähe des Mannes ein. Eisiger Sturm machte ein Weitergehen unmöglich.
Der Mann suchte den einzigen Windschutz auf, der sich ihm bot: eine Felsmulde. Er stellte sein Gepäck ab, legte sich unter dem Sturm flach hin. Aber so gut er auch ausgerüstet war, dieser Kälte war er nicht gewachsen. Er erfror – dämmerte ein, um nie mehr aufzuwachen.
Der Wind trocknete seinen Körper aus, die Kälte ließ ihn gefrieren, Schnee deckte ihn zu.
Der Winter kam, und in den nächsten Jahren wurde das Klima etwas kälter.
Der Schnee in der Felsmulde taute nie mehr auf, und schließlich schob sich eine Zunge des nahen Gletschers über die zugeschneite Mulde und begrub den toten Mann unter ewigem Eis.
Ewig? Nicht ganz. In den letzten Jahren brachten warme Sommer und schneearme Winter das Eis zum Schmelzen, und im September 1991 war es soweit: Das Eis gab wieder frei, was es über die Jahrtausende bewahrt hatte – nicht nur den Körper des Mannes, sondern auch seine Ausrüstungsgegenstände und Teile seiner Kleidung.
Die Sensation war perfekt.

Das alles fand man in der Nähe des Toten im Eis:

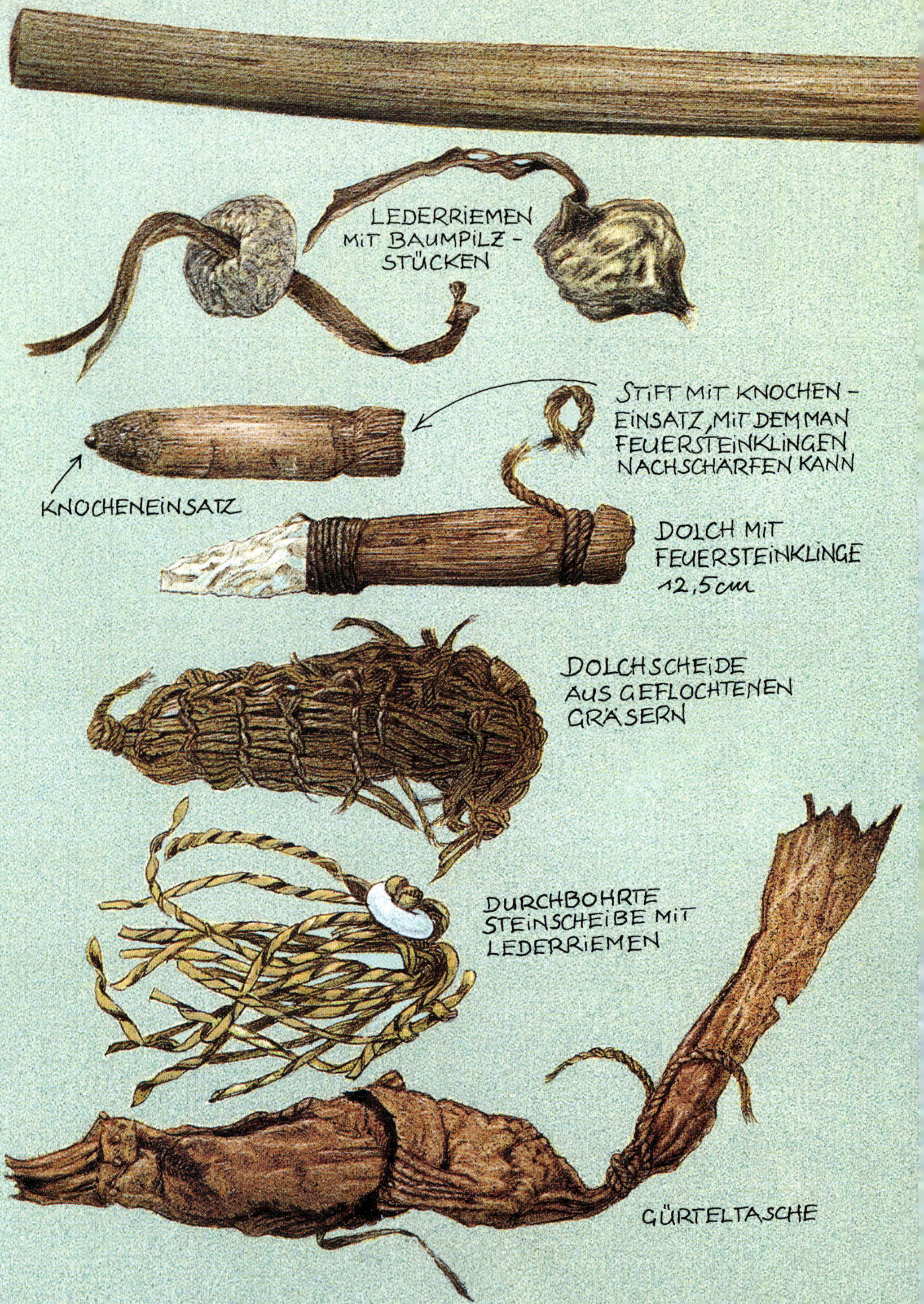
LEDERRIEMEN MIT BAUMPILZ-STÜCKEN
STIFT MIT KNOCHEN-EINSATZ, MIT DEM MAN FEUERSTEINKLINGEN NACHSCHÄRFEN KANN
KNOCHENEINSATZ
DOLCH MIT FEUERSTEINKLINGE 12,5 cm
DOLCHSCHEIDE AUS GEFLOCHTENEN GRÄSERN
DURCHBOHRTE STEINSCHEIBE MIT LEDERRIEMEN
GÜRTELTASCHE

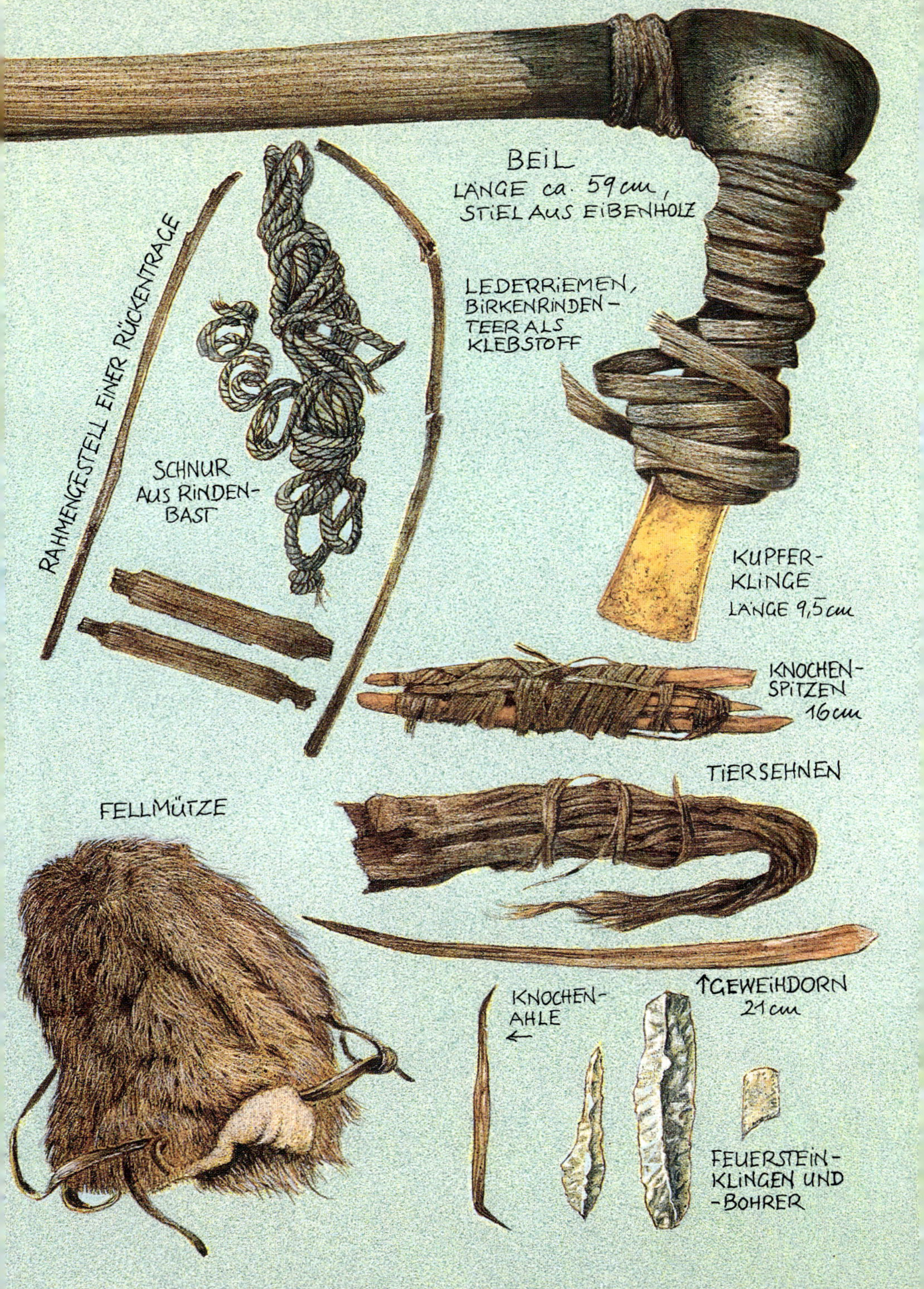
BEIL
LÄNGE ca. 59 cm,
STIEL AUS EIBENHOLZ
LEDERRIEMEN,
BIRKENRINDEN-
TEER ALS
KLEBSTOFF
RAHMENGESTELL EINER RÜCKENTRAGE
SCHNUR
AUS RINDEN-
BAST
KUPFER-
KLINGE
LÄNGE 9,5 cm
KNOCHEN-
SPITZEN
16 cm
TIERSEHNEN
FELLMÜTZE
↑GEWEIHDORN
21 cm
KNOCHEN-
AHLE
FEUERSTEIN-
KLINGEN UND
-BOHRER

Von der Kleidung des Mannes sind nur Fetzen erhalten geblieben. Er muß eine Felljacke getragen haben, die aus kleinen Stücken von Hirsch- oder Gemsenfell sorgfältig zusammengenäht war. Sie war mehrfach sehr gut geflickt worden, daneben allerdings auch mit sehr groben Stichen. Weiter trug er mit Riemen und Schnüren umwickelte Lederschuhe, die gegen die Kälte mit Heu ausgestopft waren, einen aus Gras geflochtenen Umhang und anscheinend auch eine Beinbekleidung, die bei der Bergung verlorengegangen ist.
Die Ausrüstungsgegenstände beweisen: Der Mann aus dem Eis hat am Ende der Steinzeit gelebt. Damals stellten die Menschen noch immer ihre meisten Werkzeuge und Waffen aus Stein, Holz, Knochen oder Geweih her. Aber sie hatten auch schon eine ganz neue Erfindung gemacht: Kupfer zu gewinnen, zu schmelzen und zu verarbeiten.
Wahrscheinlich wurde der Mann aus dem Eis von seinen Zeitgenossen um sein wertvolles Kupferbeil beneidet. Seine anderen Ausrüstungsgegenstände werden für sie nichts Besonderes gewesen sein. Um so mehr sind sie es für uns. Warum? Wie durch ein Schlüsselloch erlauben sie uns einen kleinen Blick auf

einen Ausschnitt unserer Vergangenheit, der bisher für uns verloren war.
Wäre der Mann vor seinem Tod den Berg ein Stück weiter hinabgestiegen, so wäre er samt seinem Gepäck nicht tiefgefroren und für Jahrtausende mit Schnee und Eis bedeckt worden. Tiere hätten seinen Körper gefressen, und von seinem Besitz würden wir heute nicht mehr finden können als bestenfalls das:

Alles andere wäre zu Erde geworden.
Wäre er mit seinen Sachen richtig beerdigt worden, könnten wir vielleicht außerdem noch seine Knochen und Zähne finden – mehr nicht. Wir wüßten nicht, daß der nur 1,59 m große Mann kurzgeschnittene schwarzbraune Haare, graublaue Augen und einen Bart hatte und daß er Tätowierungen an Knie und Rücken trug. Wir hätten keine Ahnung, daß er mit einer Kleidung und Ausrüstung unterwegs war, die hervorragend für einen längeren Aufenthalt im Gebirge geeignet war. Und wir würden nicht darüber rätseln, warum sein Bogen und die meisten seiner Pfeile erst halb fertig und warum sein Köcher und die restlichen Pfeile zerbrochen waren.
Auch sonst gibt er uns Rätsel auf: Wo lag seine Heimat? Was wollte er in dieser unwirtlichen Höhe der Alpen? War er ein Hirte, der seine Herde auf die Hochalmen getrieben hatte? Ein Jäger im Hochgebirge? Ein Bergmann, der nach Kupfervorkommen suchte? Ein Händler, der an dieser Stelle die Alpen überqueren wollte? Eine Art Priester, der in den Bergen die Nähe zu Geistern oder Göttern suchte? Oder waren es ganz persönliche Gründe, die ihn in die Berge geführt haben?

Jede dieser Vermutungen läßt neue Fragen offen. Wenn er ein Hirte war – warum hatte er dann Pfeile und Bogen bei sich? Wenn er ein Jäger war – warum waren dann seine Waffen nicht gebrauchsfertig? Wenn er ein Bergmann war – warum fand man dann keinen Pickel zum Steinschlagen bei ihm? Wenn er ein Händler war – was war seine Ware? Wenn er eine Art Priester war – wo sind dann die Musikinstrumente und Amulette, die zu einer „Begegnung" mit Geistern gehören würden? Auf diese vielen Fragen gibt es keine eindeutigen Antworten, jedenfalls bis heute nicht. Die Wissenschaftler werden noch viele Untersuchungen an dem Mann im Eis und seiner Ausrüstung vornehmen. Ich habe mir nach bisherigem Wissen eine Geschichte ausgedacht, die mögliche Antworten gibt. Sie veranschaulicht vieles, was die Wissenschaftler im ersten Jahr nach dem Fund über den Mann im Eis herausbekommen haben, und paßt zu dem, was man über die Zeit weiß, in der er lebte. Aber sie ist trotzdem eine erfundene Geschichte. Die Geschichte von Juro und von Wagor, dem Gletschermann ...

1.

Juro maß den Baumstamm mit den Augen. Der Stamm war viel dünner als die anderen. Ihn müßte er heben können! Noch einmal sollte sein Bruder Reik nicht über ihn lachen!
Juro bückte sich, umfaßte das Ende des Baumes.
„Und jetzt!" befahl Reik.
Mühelos hob Reik die Spitze des Stammes. Juro spannte alle Kräfte an. Aber es ging nicht. Er brachte die Last einfach nicht in die Höhe. Und dabei war er nur ein Jahr jünger als Reik!
Reik drehte sich um und grinste.
„Laß mich ran, Juro", sagte Wagor, der Mann von Juros erwachsener Schwester Glea. „Trag du die Beile!"
„Aber überheb dich nicht!" spottete Reik. „Ob du auch noch mein Messer tragen kannst?"
„Halt den Mund!" sagte Wagor knapp. „Kraft allein ist nicht alles."
Reik schwieg. Wagor war noch nicht lange im Dorf.

Und es gab stärkere Männer als Wagor. Aber dennoch hatte Wagors Wort besonderes Gewicht.
Juro hob das Steinbeil auf, mit dem die Bäume gefällt worden waren, und dann das Beil mit der scharfen Kupferklinge. Damit hatte Wagor die Äste abgeschlagen. Beinahe scheu fuhr Juro über das kostbare Metall. Es gab nur einen Mann im Dorf, der ein solches Beil besaß und der über die grünen Steine zu erzählen wußte, aus denen sich das Kupfer gewinnen ließ: Wagor.
Juro seufzte. Immer wieder hatte er an den steilen Berghängen des Tales nach den geheimnisvollen Kupfersteinen gesucht, aber nie einen gefunden, nicht einen einzigen.
Wagor und Reik schleppten den Baumstamm zum Dorf. Juro lief an ihnen vorbei und hielt den beiden das Gatter im Dorfzaun auf. Die Schweine kamen zwischen den lehmverputzten, mit Schilf gedeckten Häusern hervor und rannten auf das Tor zu. Schnell schloß er es wieder, damit sie nicht in den Wald entkamen.
Wagor und Reik hatten den Baum an der Baustelle abgelegt. Wie ein Gerippe ragten hier fest in den Boden gerammte starke Pfosten auf. Sie sollten das Dach ihres neuen Hauses tragen, das der Vater mit der Hilfe einiger

Verwandter und Nachbarn baute. In wenigen Wochen sollte es fertig sein. Ihr altes Haus wurde baufällig. Der Vater wies auf einen bereits zurechtgehauenen Stamm: „Den müssen wir für den First in die Höhe ziehen! Ich brauche zwei Jungen, die die Stützen hochklettern und oben den Stamm einrichten und festbinden. Reik, du und…“
„Und ich!“ rief Juro schnell. Seine Backen glühten.
„Nein, du nicht“, sagte der Vater. „Nimm mein Messer und geh Zweige schneiden!“

„Aber…“ sagte Juro leise.
Sein Vater drückte ihm das Messer in die Hand, drehte ihn an der Schulter von sich weg: „Steh hier nicht rum!“
Da ging Juro aus dem Dorf. Auf dem Weg zwischen den Getreidefeldern schaute er noch einmal zurück, sah Reik und einen Nachbarjungen oben auf den beiden Eckstützen sitzen, während das Firstholz an starken Seilen hinaufgezogen wurde. Er biß sich auf die Lippen.

Am Waldrand waren Weidenbüsche und Haselsträucher bis auf den Stock zurückgestutzt und hatten lange Ruten getrieben. Juro begann sie zu schneiden. Langweilig war das. Seit Tagen mußte er Zweige schneiden. Um die Wände des Hauses zu flechten, wurden Unmengen solcher Ruten gebraucht. Immer ließ der Vater ihn solche stumpfsinnigen Arbeiten machen, während Reik beim Hausbau helfen durfte...
Das Schneiden wurde immer mühsamer. Juro fuhr über die Feuersteinklinge des Messers. Man müßte sie schärfen. Gerne würde er es selbst einmal versuchen. Aber er hatte Angst, die Klinge zu verderben – Feuersteine waren wertvoll, sie mußten von weit her eingehandelt werden.
Als Wagor vor gut einem Jahr ins Dorf gekommen war, hatte er Feuersteine mitgebracht. Die Steine, das Kupferbeil und seine Kenntnisse waren der Grund für Wagors Ansehen im Dorf. Obwohl er doch eigentlich ein Fremder war.
Was Wagor alles kannte! Nicht nur den Süden, aus dem er stammte, sondern viele Gegenden des Gebirges. Und er, Juro, war noch nie aus dem Tal herausgekommen, kannte kaum die hohen Berge, die es begrenzten!

Als die Sonne unterging, kehrte Juro mit einem großen Bündel Zweige ins Dorf zurück. Im Haus fand er die ganze Familie vor. Die Mutter kniete am Boden und zerrieb mit einem rundlichen Stein Getreidekörner auf dem großen Mahlstein. Juros Schwester Alri stand am Webstuhl. Reik bewegte gelangweilt den Bogen der Bohrvorrichtung hin und her und trieb dadurch den Holunderstab an, mit dem unendlich langsam ein Loch in die Steinaxt gebohrt wurde. Der Vater schnitzte ein spitzes Werkzeug, eine Ahle, aus Knochen. Keiner beachtete Juro.

Juro kauerte sich neben seinem Vater nieder. „Dein Messer ist stumpf geworden“, sagte er. „Darf ich es schärfen?“

„Bloß nicht!“ erwiderte der Vater. „Reik, mach du das! Und du, Juro, übernimmst das Bohren.“

Reik blies Juro den Steinstaub ins Gesicht.

Juros Augen brannten. Eines Tages, irgendwann einmal, würde er sich das alles nicht mehr gefallen lassen.

„Jetzt essen wir erst einmal. Die Grütze ist fertig!“ erklärte die Mutter und zog den großen Tontopf von der Feuerstelle, auf der er neben der Glut gestanden hatte.

Es schmeckte nicht schlecht, aber Juro bekam den Brei kaum hinunter.
Die Tür ging auf. Glea und Wagor kamen herein.
„Setzt euch, eßt mit uns!“ lud die Mutter sie ein. Fürsorglich stopfte sie Glea ein Fell in den Rücken. Seit Glea schwanger war, kümmerte sich die Mutter um sie wie um ein kleines Kind.
„Ich will etwas mit dir bereden“, sagte Wagor zu Juros Vater. „Du weißt, ich ziehe im Sommer mit dem alten Horge über die Berge. Wir wollen mit den Schafen und Ziegen zu den großen Almweiden im Norden jenseits des Gebirgskamms. Aber wenn die Herde an Ort und Stelle ist, kommt Horge auch mal allein mit ihr zurecht. Deshalb werde ich mich zeitweise von Horge trennen.“
Der Vater nickte: „Gemsen jagen, was? Und Steinböcke? Oder hast du es auf Adlerfedern abgesehen?“
Wagor lachte. „Auch! Doch mehr noch auf die Kupfersteine! Immer, wenn ich bisher irgendwohin gekommen bin, wo man Kupfer findet, waren die Vorkommen fest in der Hand von Leuten, die vor mir da waren. Und sie paßten genau auf, daß keiner außer ihnen an das Kupfer rankommt. Kein Wunder, Kupfer

ist begehrt, und wer Kupfer besitzt, kann alles, was er will, dagegen eintauschen. Na ja, und deshalb träume ich schon lange davon, selber eine Stelle zu finden, wo man Kupfer gewinnen kann, auch wenn es nicht viel ist. Diesen Sommer will ich wieder mein Glück versuchen. Hoch oben im Gebirge, wo die Steine nicht vom Wald bedeckt sind und wo niemand ist, der sie mir streitig macht.
Ich könnte einen Begleiter brauchen, einen Jungen, der mir zur Hand geht und die Augen offenhält. Und darum wollte ich fragen, ob dein Sohn mit mir kommen könnte."
Reik richtete sich stolz auf. „Klar", sagte er großspurig, „du kannst dich auf mich verlassen!"
Immer Reik, dachte Juro. Warum um alles in der Welt immer Reik?
Der Vater wiegte bedenklich den Kopf. „Reik?" fragte er. „Ich brauche ihn eigentlich zum Rinderhüten. Aber wenn ich mir vorstelle, ihr könntet tatsächlich Kupfer finden... Also gut, du kannst Reik haben!"
„Ich danke dir", antwortete Wagor, „doch eigentlich hatte ich nicht an Reik gedacht, sondern an Juro."
„Juro!" rief der Vater. „Was willst du mit dem? Der kann noch nicht mal einen Sack, der viel leichter ist als

er selber, den Berg hinauftragen! Und du siehst ja, was für ein Fliegengewicht er ist!“
„Dann trägt er eben weniger“, erwiderte Wagor. „Hauptsache, er ist gesund und zäh. Mir kommt es auf anderes an als auf Kraft. Ich habe ihn beobachtet. Er kann ganz gut mit Pfeil und Bogen umgehen. Und vor allem: Er möchte selber Kupfer finden. Er wird bereit sein, von mir zu lernen. Nicht wahr, Juro?“
Juro wurde feuerrot. Er nickte heftig.
Der Vater kratzte sich am Kopf. „Juro. Na ja, entbehren könnte ich ihn schon. Aber ich bin nicht sicher, ob er es schafft und ob er dir eine Hilfe ist.“
„O doch“, sagte die Mutter gelassen, „da bin ich ganz sicher. Laß Juro mit Wagor ins Gebirge! Gleich morgen werde ich mich um seine Ausrüstung kümmern. Du willst doch, Juro, nicht wahr?“
„Ja“, sagte Juro leise. Und dann noch einmal, laut und fest: „Ja!“

2.

Die Sonne brannte vom Himmel. Juro rann der Schweiß herab. Das hölzerne Traggestell seines Rucksacks drückte, die Riemen scheuerten auf den Schultern.
Von Geröll und Felsbrocken übersät, stieg der letzte Teil des Berghangs völlig kahl bis zu jenem Joch hin an, wo sie den Gebirgskamm überqueren würden. Kein Baum und kein Strauch mehr, kein Gras, keine Blume und kein Kraut. Blendend und gleißend stach das Sonnenlicht, das vom ewigen Schnee und Eis des nahen Gletscherfeldes zurückgeworfen wurde.
Juro legte die Hand über die Augen, verharrte einen Atemzug lang.
„Nicht stehenbleiben!“ sagte Wagor hinter ihm. „Immer ganz gleichmäßig weitersteigen, sonst kommst du aus dem Tritt.“
Aber ich kann nicht mehr! wollte Juro sagen. Er schwieg, ging weiter.
Längst hatten sie die Baumgrenze hinter sich

gelassen. Und inzwischen auch die mit Gras, Kräutern, Zwergsträuchern und Heide bewachsenen Hochhänge. Seitdem hatte Horge an der Spitze der Herde ein scharfes Tempo angeschlagen. Die Schafe und Ziegen, die nichts mehr zu fressen fanden, folgten ihm rasch. Sie schleppten ja auch keinen Rucksack!

Der Felshang nahm kein Ende. Noch ein Stein und noch einer und noch einer. Juro schaute nicht mehr auf. Die Füße taten weh, scharfkantige Steine drückten und schnitten durch das dünne Sohlenleder seiner Schuhe. Schritt für Schritt kämpfte sich Juro bergauf. Dann wurde das Gelände flacher, und endlich war die Höhe erreicht.

Schneebedeckte Gipfel, Berge um Berge, die sich in dunstiger Ferne verloren, und zu seinen Füßen die weiten grünen Hänge der schier unendlichen Hochweiden. Juro holte tief Luft, öffnete den Mund. Aber es gab nichts, was man jetzt sagen konnte, in einem solchen Augenblick! Er breitete weit die Arme aus und stand ganz still. Der Wind strich ihm über das Gesicht, spielte mit seinen Haaren.

Daß die Welt so groß war! So schön! Und der Himmel so nah und doch so fern!

„Wir wollen ein Opfer bringen“, sagte Horge leise.

Er fing eine Ziege, drückte sie zu Boden. Wagor holte mit seinem Beil aus. Die kupferne Klinge durchschnitt die Kehle des Tieres. Blut floß über die Steine, sammelte sich in kleinen Mulden.

Dann knieten sie alle nieder, dankten den Geistern der Berge für den geglückten Aufstieg, baten um einen unfallfreien Sommer.

Horge legte sich die tote Ziege um die Schultern und gab das Zeichen zum Abstieg auf der anderen Seite des Gebirgskamms.
„He, holla, hoho!" trieb Juro die Tiere an. Die Hunde liefen bellend neben der Herde vor und zurück. Juro rannte den Berg hinunter. Der Sack auf seinem Rücken hüpfte. Er spürte es kaum.
Erst als sie die schroffen Gipfel längst hinter sich gelassen und das Weideland erreicht hatten, machten sie Rast. In einer von einer Bodenwelle geschützten Mulde des Abhangs legten sie ihr Gepäck ab. Juro nahm den Holzeimer und molk einige Ziegen. Während die Tiere grasten, tunkten Juro und die beiden Männer Brocken von hartgetrockneten Brotfladen in die Milch und aßen. Die feinen Steinkörnchen, die sich beim Mahlen des Weizens vom Mahlstein abgerieben und unter das grobe Mehl gemischt hatten, knirschten zwischen den Zähnen.
Nach dem Essen legte Juro sich hin, verschränkte die Arme hinter dem Kopf und schaute in den Himmel. Doch Wagor ließ ihm nur kurz Ruhe. „Du mußt mir lange Gräser schneiden, Juro", sagte er. „Ich will Schnüre aus ihnen drehen. Wir müssen unsere Kleidung ausbessern, ehe sie noch weiter zerreißt. Deine Schuhe

hängen in Fetzen, und ich habe einen Riß in meiner Jacke. Glea wird zwar die Nase rümpfen, wenn sie meine Näherei sieht, aber was ich nähe, hält!"
Horge lachte. „Da deine Jacke sowieso aus lauter kleinen Fellstücken zusammengesetzt ist, dürfte es nicht sehr auffallen! Ich verstehe ja nicht, warum du in dieser alten Jacke herumläufst, statt in einem Leinenkittel und in einem neuen Schafspelz. Du könntest ihn dir doch von Glea anfertigen lassen."
Wagor schüttelte den Kopf. „Nein, das verstehst du nicht. Die Gemse und den Hirsch für das Fell dieser Jacke habe ich selbst gejagt. Und genäht hat sie – ach was, man legt seine Vergangenheit nicht einfach ab!"
Sein Gesicht sah plötzlich merkwürdig verschlossen aus. „Hier, Juro, nimm die Klinge und mach dich an die Arbeit!" Damit öffnete Wagor das schmale Ledertäschchen, das er am Gürtel trug, und gab Juro eine längliche Feuersteinklinge.
Juro stieg langsam die Anhöhe hinauf, hinter der sie Rast gemacht hatten. Er hielt nach langen Grashalmen Ausschau. Hin und wieder bückte er sich, schnitt Gras. Dann erreichte er die Kuppe, ließ seinen Blick schweifen. Da sah er in einiger Entfernung die große Rauchwolke. Das Flammenmeer. Er erschrak.

Der Berg! Er brannte!
„Wagor! Horge!“ schrie er. „Der Berg brennt!“
Die beiden Männer liefen zu ihm, sahen in die Richtung, in die er wies, tauschten einen kurzen Blick. Horge legte die Hände wie einen Trichter vor den Mund und stieß einige Male einen lauten, langgezogenen Ruf aus. Nach kurzer Zeit antwortete aus der Richtung des Feuers ein ähnlicher Ruf.
Horge lachte. „Schau nicht so entsetzt, Juro! Das sind andere Hirten, die ich kenne. Sie ziehen in jedem Sommer mit ihren Herden hier herauf, und jedes Jahr brennen sie an einem anderen Hang die Zwergsträucher und Alpenrosen nieder, um neue Weiden zu gewinnen. Ich bin schon oft mit ihnen zusammengetroffen. Keine Sorge, mit denen gibt es keinen Streit, und du wirst bald genug merken, daß man im Gebirge dankbar ist, manchmal auf andere Menschen zu treffen. Und nun komm, es wird Zeit, daß wir weiter absteigen und uns einen Lagerplatz suchen, an dem wir für die nächste Zeit unser Zelt aufschlagen!“

3.

Juro ging vor Wagor am Fuß der steil aufragenden Wand den Felsen entlang. Seine Augen glitten unablässig über den Felsen. Aber er sah keine grünen Steine.

Seit Tagen waren sie nun schon unterwegs, hatten Horge mit den Tieren zurückgelassen, streiften weiter und weiter nach Westen durch das Hochgebirge. Doch noch immer hatten sie nicht die geringste Spur von Kupfer gesehen.

„Ich glaube, ich werde nie Kupfer finden!“ sagte Juro.

„Man kann es nicht wissen“, erwiderte Wagor. „Du mußt genau hinsehen und dir alles merken. Hör auf die Sprache der Steine!“

Juro seufzte: „Ich fürchte, ich verstehe die Sprache der Steine nicht!“

Sie bogen um eine Felsecke. Plötzlich hob Juro den Arm, verharrte reglos in dieser Stellung.

Wagor verstand sofort. Lautlos nahm er den großen Bogen von seinem Rücken, holte mit vorsichtigen,

langsamen Bewegungen einen Pfeil aus dem Köcher, den er über der Schulter trug, legte den Pfeil an, schlich behutsam die wenigen Schritte zu Juro. Und schon schwirrte der Pfeil durch die Luft und traf das Murmeltier, das witternd zwischen den Alpenrosensträuchern am Fuß des Felsens seine Nase in die Luft gestreckt hatte.
Juro stieß einen Jubelschrei aus: Wenn schon kein Kupfer, dann wenigstens etwas zu essen!
„Sorg du für Feuer! Ich ziehe unserem Fang das Fell ab“, sagte Wagor und zog die Pfeilspitze aus dem toten Tier.
Juro sah sich um. Sie befanden sich weit oberhalb der Baumgrenze, hier gab es kein Holz zum Feuermachen, nicht einmal ein paar kümmerliche Krüppelkiefern. Aber diese vertrockneten Zwergsträucher dort drüben konnten sich zur Not eignen. Allerdings würde er viele brauchen, sie verbrannten schnell und gaben wenig Glut.
Juro hatte Hunger. Den ganzen Tag hatten sie noch nichts anderes gegessen als Beeren und Ziegenkäse. Keinen Augenblick länger wollte er auf den Braten warten!
Hastig riß er die Sträucher mit den Wurzeln vom

felsigen Untergrund, nahm sich nicht die Zeit, sie abzuschneiden. Das Feuer sollte brennen, sobald Wagor das Murmeltier ausgeweidet hatte, damit sie es gleich zubereiten konnten!
Aus dem Birkenrindengefäß holte er das in feuchte Gräser gewickelte Stück Holzkohle vom letzten Lagerfeuer und aus seinem Beutel eine Handvoll trockenes Heu. Er kniete nieder. Vorsichtig blies er auf die Holzkohle. Als sie wieder schwach glühend zum Leben erwachte, hielt er das Heu darüber. Sofort fing es Feuer. Juro nährte die Flammen mit kleingebrochenen Zweigen. Wagor kauerte neben ihm, schnitt mit seinem Feuersteindolch den Tierkörper auf, entfernte die Gallenblase und die Gedärme. Das Feuer brannte. Juro riß die Wurzeln von einem Strauch, wollte sie darauf werfen.
„Halt“, befahl Wagor, umfaßte hart Juros Handgelenk, „gib mir die Wurzeln!“ Seine Stimme klang ungewohnt scharf.
Was hat er? dachte Juro. Was habe ich denn falsch gemacht?
„Wo hast du diese Sträucher ausgerissen?“ fragte Wagor, noch immer mit dieser merkwürdig erregten Stimme.

„Ich – gleich dort drüben, warum", stotterte Juro.
„Schau die Wurzeln an! Und deine Hände!"
Juro tat es. Ratlos starrte er auf den grünen Staub auf den Händen, den grünen Staub an den Wurzeln. Dann schoß ihm das Blut in den Kopf. „Ist das etwa, meinst du, das ist..." stieß er hervor.
„Kupfer!" erwiderte Wagor.
Sie sprangen auf, rannten zu der Stelle, an der die Sträucher gewachsen waren, knieten nieder, rissen hastig weitere Sträucher und Büschel aus. Unter dem dünnen Erdreich kam der blanke Fels zum Vorschein und in diesem eine etwas eingetiefte, langgezogene Kluft. Und in der Kluft grünes Gestein.
Wagor strich darüber, kratzte mit den Nägeln am Gestein, betrachtete genau seine Finger. Dann lachte er.
„Es ist wirklich Kupferstaub! Himmel, Juro, es ist wirklich Kupfer! Schnell, hol mir meinen Pickel, ich will versuchen, die Steine aus dem Spalt zu brechen, dann können wir den grünen Staub von der Oberfläche abschaben! Und sehen, wie weit die Kluft reicht, wieviel grünes Gestein sie enthält. Wir haben es geschafft, verstehst du, Juro, wir haben wirklich und wahrhaftig Kupfer gefunden!"
Das Feuer und das Murmeltier waren vergessen.

4.

Juro hütete allein mit den Hunden die Herde. Wagor und Horge waren zu den anderen Hirten gewandert, doch bald würden sie zurückkehren. Wagor hatte ihm Jagdwaffen dagelassen. Vielleicht konnte Juro jetzt in der Abenddämmerung am Bach Gemsen überraschen. Noch nie war es ihm gelungen, Wild zu erlegen. Wenn er es heute schaffte, dann würde Wagor Augen machen! Einen Augenblick zögerte er noch: Er durfte die Herde nicht allein lassen. Aber er ging ja nicht weit weg – nur bis zu dem Bach dort hinter den Felsen. Er stand auf, nahm Wagors großen Eibenholzbogen in die Rechte und hängte sich Wagors Köcher mit den Pfeilen über die Schulter.

Vorsichtig pirschte er sich an die halbhohen Felszacken heran, spähte hinüber.

Da! Er riß die Augen auf. Sein Herz raste. Ein Wolf! Ein großer Wolf, wenige Schritte von ihm entfernt! Die Herde hinter ihm. Er mußte sie schützen, den Wolf vertreiben.

Der Wind stand in seinem Rücken, die Hunde konnten den Wolf nicht wittern.
Um Wölfe zu verjagen, sollte er laut schreien und Steine nach ihnen schleudern.
Er öffnete den Mund. Seine Stimme versagte. Es kam einfach kein Ton. Er schaute zu Boden. Nur dichtes Gras und fester Fels, kein einziger loser Stein.
Das Raubtier wandte den Kopf, sah ihn an. Da war auf einmal kein Gedanke mehr in Juro, nur noch Angst. Er ließ den Bogen fallen, schnellte herum und rannte davon. Er merkte nicht, daß er schrie, achtete nicht darauf, wohin er lief, rannte bergab, so schnell er konnte. Dann stolperte er über einen Stein, stürzte kopfüber eine Felsstufe hinab, rollte sich mit der Schulter ab und blieb auf dem Bauch liegen, das Gesicht mit den Armen geschützt.
Sein Arm war aufgeschürft und blutete, aber er spürte keinen Schmerz.
Plötzlich war Wagor da. „Juro! Was ist mit dir? Tut dir etwas weh? Kannst du aufstehen? Was ist mit deinem Arm?“ Wagor beugte sich über ihn, zog ihn vorsichtig in die Höhe, tastete ihn ab, bewegte seinen Arm.
„Mit mir ist alles in Ordnung,“ sagte Juro heiser.
„Warum bist du schreiend den Berg hinuntergerannt?

Du hättest dir den Hals brechen können!"
„Ein Wolf – am Bach war ein Wolf!"
„Der Wolf?" Wagors Gesicht wurde rot. Er schrie Juro an: „Du hast den Wolf gesehen und bist vor ihm davongerannt?! Hast du den Verstand verloren? Warum hast du ihn nicht vertrieben, wie ich es dir beigebracht habe? Wenn du wegrennst, kannst du seine Jagdlust wecken, und das ist gefährlich!"
Juro starrte Wagor an, wußte nicht, was er sagen sollte. Noch nie hatte Wagor ihn so angeschrien.
Wagor war noch immer außer sich. „Ist denn das zu fassen!" schrie er. „Ein Hirte, der vor einem Wolf davonläuft! Du solltest auf die Herde aufpassen, sie schützen, und läßt sie im Stich! Horge und ich kamen gerade im rechten Augenblick, um zu verhindern, daß der Wolf in die Herde einbricht! Dir sollte man doch..."
Wagor brach ab. Er fuhr sich mit der Hand über die Augen. „Schon gut", sagte er dann ruhiger, „zum Glück ist nichts passiert. Was hast du mit dem Bogen gemacht? Gib mir meinen Köcher!"
Juro sah zu Boden. „Den Bogen habe ich fallen lassen, oben an den Felsen", sagte er leise.
Er nahm den Köcher von der Schulter und erschrak: Der Köcher war beschädigt! Die Haselnußstange, die

zu seiner Versteifung diente, war zerbrochen, der Lederdeckel zerfetzt. Mit zitternden Händen holte er die Pfeile heraus – bis auf zwei waren sie alle zerbrochen. Wagor hatte doch so viel Mühe darauf verwandt, sie zu schnitzen, sie mit Knochen- oder Steinspitzen zu versehen und die Federn einzukleben!
„Es, es tut mir leid“, stotterte Juro. Er wagte nicht, den Mann anzusehen.
Wagor schwieg lange. Dann seufzte er: „Besser mein Köcher und meine Pfeile sind gebrochen als dein Arm! Und jetzt komm, wir müssen deinen Arm waschen, und dann mache ich dir einen Verband aus getrocknetem Baumpilz, damit die Wunden besser heilen!“

5.

Auf den Knien rutschte Juro den Berghang hinauf. Büschelweise schnitt er lange, breite Gräser. Als er einen Armvoll beisammen hatte, stand er auf und lief zu Wagor. Der Mann flocht aus den Gräsern einen dichten Umhang. Der Sommer war zu Ende, manchmal wurde es schon sehr kalt in den Bergen, und bei Regen brauchte man dringend eine zusätzliche Bekleidung.

Juro setzte sich neben Wagor nieder, sah ihm beim Flechten zu. Die Hunde lagen in der Nähe, die Ziegen und Schafe weideten um sie herum, sonst waren sie allein. Horge war früh am Morgen zur Jagd aufgebrochen.

„Gehen wir noch einmal zu unserer Kupferstelle zurück?" fragte Juro.

Wagor schüttelte den Kopf. „Dieses Jahr nicht. Es ist schon zu spät. Außerdem haben wir fünf Säckchen voll Kupferstaub, das reicht. Schließlich müssen wir alles auch nach Hause tragen. Ich muß den Weg sowieso

zweimal machen, wir schaffen sonst nicht das ganze Gepäck. Morgen in aller Frühe breche ich auf.
Ich will ein paar Tage bei Glea bleiben, unser Kind müßte schon geboren sein. Die Große Mutter gebe, daß Glea die Geburt gut überstanden hat, sie ist noch so jung! Und daß das Kind lebt und gesund ist! Ich habe einfach keine Ruhe mehr hier oben. Aber spätestens in sieben Tagen bin ich wieder zurück – rechtzeitig, um euch und die Herde ins Tal zu begleiten. Käse, Felle, meinen Pickel und das Kupfer bringe ich jetzt schon heim. Du bleibst bei Horge. Hör auf ihn!"
Juro nickte. So ging ihre Zeit hier oben also zu Ende. Doch, er freute sich auf daheim. Aber irgendwie war es auch schade. Er hatte sich so daran gewöhnt, immer mit Wagor zusammenzusein, von ihm zu lernen.
Langsam fragte er: „Wenn wir wieder im Dorf sind, darf ich dann zusehen, wie du das Kupfer schmilzt und gießt? Darf ich dir helfen?"
Wagor lachte: „Und ob! Das ist das mindeste, was ich von dir erwarte! Du wirst für das Feuer zuständig sein, Holz wirst du hacken, und den Blasebalg wirst du treten, bis dir die Beine weh tun! Ich brauche eine gute Glut, um das Kupfer in einem Tiegel darüber zu schmelzen. Das Gießen in die Lehmform ist nicht sehr

schwer, aber das anschließende Hämmern will gelernt sein! Und nach und nach wirst du es lernen!“
Juro nickte. Alles wollte er lernen, alles. Dann konnte Reik nie wieder über ihn spotten!
„Ich war so alt wie du, als ich in meinem Heimatdorf anfing, einem Mann zur Hand zu gehen, der sich auf das Kupfergießen verstand“, sagte Wagor.
Sie schwiegen. Juro beobachtete Wagor von der Seite. Versunken schaute dieser vor sich hin.
Gedankenverloren spielten seine Finger mit dem Amulett, das er immer um den Hals trug: einen runden durchbohrten Marmorstein, von dem mehrere Lederriemchen hingen. Noch nie hatte Juro Wagor ohne dieses Amulett gesehen. Auch damals, als er als Fremder in ihr Dorf gekommen war, hatte er es schon gehabt.
Ob es von seiner ersten Frau stammte? Glea hatte gesagt, Wagor habe früher, vor vielen Jahren, schon einmal mit einer Frau zusammengelebt, aber sie sei in ihrer ersten Schwangerschaft gestorben...
Juro zögerte. Er räusperte sich. „Wagor, warum bist du aus deinem Dorf weggegangen?“
„Du brauchst nicht alles zu wissen“, erwiderte dieser kurz angebunden.

Sie schwiegen lange. Wagor flocht den Umhang, Juro reichte ihm Gräser zu. Dann sah der Mann dem Jungen gerade in die Augen: „Warum sitzst du hier rum? Willst du dich nicht im Bogenschießen üben?"
Juro wurde rot. Er hatte nie mehr gewagt, Wagor darum zu bitten, seine Jagdwaffen benutzen zu dürfen. Weil er doch den Köcher und die Pfeile zerbrochen hatte. Und nun bot Wagor es ihm selbst an! Also war Wagor ihm nicht böse deswegen.
„Danke", sagte er leise und nahm Wagors Bogen und die beiden letzten heilen Pfeile, „vielen Dank!"
Er mußte sich anstrengen, um den Bogen zu spannen, der viel größer war als er selbst. Er schoß einen Pfeil bergab, lief ihm hinterher, hob ihn auf, schoß wieder. So entfernte er sich nach und nach ein ganzes Stück von Wagor, dorthin, wo die Ziegen Kräuter und Gras fraßen.
Wieder legte Juro den Pfeil an. Vielleicht würde er es schaffen, bis zu den Sträuchern da unten zu schießen. Da sah er am Rande seines Blickfeldes die Bewegung. Den grauen Schatten.
Ein Wolf. Er trottete auf die Ziegen zu. Sobald er sie erreicht hatte, würde er eine von ihnen anfallen. Nein, dachte Juro, diesmal laufe ich nicht davon!

Die Hunde – er konnte den Hunden pfeifen. Oder selber den Wolf verjagen.
Er rührte sich nicht.
Der Wolf kam näher, lief genau ins Schußfeld.
Juro schoß. Der Pfeil traf den Wolf in die Seite. Der Wolf taumelte, fuhr herum, sah ihn an.
Juros Herz schlug wild. Alles Denken setzte aus. Aber seine bebenden Hände legten den zweiten Pfeil an, spannten den Bogen.
Wieder schwirrte der Pfeil durch die Luft. An der Stirn getroffen, brach der Wolf zusammen.
Juro schrie.
Die Hunde stürzten laut bellend heran, Wagor rannte herbei, das Beil in der Hand. Wagor kniete neben dem Wolf nieder, schlug ihm mit dem Beil die Kehle durch. Dann stand er auf. „Wieso hast du nicht geschrien oder den Hunden gepfiffen?“ fuhr er Juro an. „Wenn du danebengeschossen hättest, hätten wir jetzt eine Ziege weniger!“ Doch plötzlich lachte er. „Ach was, das hast du gut gemacht! Mensch, Juro!“
Er schlug Juro auf die Schulter. Dann bückte er sich und zog die beiden Pfeile aus dem Tier. Der eine war zerbrochen. Den anderen hielt er Juro hin: „Da, den schenke ich dir! Und den Bogen dazu. Den Pfeil und

den Bogen, mit dem man seinen ersten Wolf geschossen hat, muß man behalten!"
Juro glühte. Er stotterte: „Aber dann hast du doch keinen mehr!"
„Na und! Ich schnitze mir einen neuen Bogen und neue Pfeile! Wenn ich daheim bin, gleich in den nächsten Tagen, beginne ich damit. Vielleicht schaffe ich es, bis ich wieder hierher zurückgekehrt bin. Und jetzt ziehe ich dem Wolf das Fell ab und nehme es mit zu deiner Mutter, damit sie dir eine Jacke daraus näht."
„Eine Jacke aus Wolfsfell – von dem Wolf, den ich selbst geschossen habe?" sagte Juro. „So etwas hat Reik nicht."
Wagor strich ihm über die Haare. „Nein, Juro. So etwas hat Reik nicht."

6.

Blitze zuckten. Laut krachte der Donner. Der Sturm heulte. Wütend riß er an den Fellen des niedrigen Zeltes, zerrte an den Schnüren und Lederriemen, mit denen es verspannt war. Das Zelt hielt stand. Horge hatte die Zeltbahnen ringsum mit großen Steinen beschwert.

Draußen drängten sich die Schafe und Ziegen im Schutz der Felswand eng zusammen, wärmten sich gegenseitig. Drinnen hatte Horge die Arme um Juro geschlungen, preßte ihn an sich.

Wer jetzt oben am Gebirgskamm war...

Das Unwetter war mit unglaublicher Geschwindigkeit hereingebrochen. Heute morgen noch hatte sich strahlend blau der Spätsommerhimmel über die Berge gewölbt, und nun tobte seit Stunden der Sturm, fegte mit eisiger Macht über die Hänge.

Und heute war der siebte Tag. Der Tag, an dem Wagor aus dem Tal zurückgekehrt sein wollte. Juro grub seine Zähne in den Finger der krampfhaft geballten Faust.

Hätte Wagor den Gebirgskamm bereits hinter sich gehabt, als der Sturm losgebrochen war, so müßte er längst das Lager erreicht haben.
„Vielleicht hatte er den Wald noch nicht verlassen. Vielleicht war er noch nicht so weit aufgestiegen. Vielleicht hat er die Gefahr rechtzeitig erkannt und konnte noch umkehren", murmelte Horge in einem Tonfall, als würde er beten.

Und wenn nicht? dachte Juro.
Er schwieg. Er wollte nicht hören, was Horge darauf sagen würde.

7.

Sie hatten den Gebirgsübergang, die Höhe des Joches, erreicht.
Juro stapfte durch den lockeren, trockenen Schnee. Dem Sturm war der Schnee gefolgt. Nun war das Wetter wieder ruhig, aber sehr kalt. Früher als in anderen Jahren war im Hochgebirge der Winter hereingebrochen, und Horge hatte die Rückkehr ins Tal beschlossen. Das Zelt und einen Teil der Ausrüstung hatten sie in einem Felsspalt verborgen zurücklassen müssen; der alte Hirte und der Junge konnten allein nicht alles Gepäck tragen.
Juro ließ seine Augen über den Abhang gleiten. Die Tiere und an ihrer Spitze Horge. Sonst nur Schnee, so weit das Auge reichte, hin und wieder durchbrochen von Felsen, die aus dem Schnee ragten. Aber nirgendwo in dieser weiten weißen Landschaft eine Bewegung, kein Wagor, der zu ihnen aufstieg, um sie ins Tal zu begleiten, wie er es versprochen hatte.
Wo war Wagor?

8.

Juro kühlte seine Hände im Bach. Sie waren voller Blasen, und die Arme taten ihm weh. Es war viel schwerer gewesen, den hölzernen Haken des Pfluges in den Boden zu drücken, als er geglaubt hatte. Aber er war stolz: Er hatte Gleas Feld gepflügt. Der Vater hatte ihm alles gezeigt. Doch dann hatte der Vater nur die Ochsen geführt, gepflügt hatte er, Juro, ganz allein.

Er hatte Glea versprochen, die Arbeit zu machen, die Wagors Arbeit gewesen wäre, und er würde sein Versprechen halten. Den ganzen Winter über hatte er

seiner großen Schwester geholfen, und er würde es weiter tun. Für sie. Und mehr noch für Wagor.
Juro ging ins Dorf zurück, stieß die Tür zu Gleas Haus auf. Glea saß am Feuer und stillte ihr Baby. Nun wandte sie sich zur Tür, als erwarte sie jemanden.
„Störe ich?“ fragte Juro.
„Nein, komm rein!“ sagte Glea. „Es ist nur – manchmal, wenn die Tür aufgeht, glaube ich immer noch, Wagor müßte dastehen. Weißt du, dann denke ich, vielleicht ist er damals einfach weggegangen, irgendwohin, und jetzt kehrt er zurück!“
Juro setzte sich neben sie, streichelte dem kleinen Kind über den Kopf, fragte zögernd: „Glaubst du das wirklich? Daß er dich und das Kind einfach verlassen hätte?“
Sie schüttelte den Kopf. „Nein, nicht wirklich. Er war ein paar Tage hier, und er hat sich so über unser Kind gefreut, und dann ist er in die Berge zurück, weil er Horge, dich und die Herde ins Tal begleiten wollte, und genau das hätte er getan, wenn er es gekonnt hätte. Aber der Sturm...“ Sie brach ab und fügte leise hinzu: „Was ich wirklich glaube, ist: Die Berge haben ihn zum Opfer gefordert.“
Eine Weile sprachen beide nichts, dann sagte Glea:

„Hätte er nur nicht nach Kupfer gesucht!"
„Aber das darfst du nicht denken!" widersprach Juro. „Wagor war glücklich, als wir das Kupfer gefunden haben! Es war ihm wichtig, verstehst du, er mußte es tun!"
„Ich verstehe es sehr gut. Deshalb möchte ich das Kupfer ja auch nicht hergeben, es nicht bei einem Händler gegen etwas anderes eintauschen. Es ist Wagors Kupfer – und deines. Aber nun liegt es dahinten in der Ecke, und keiner von uns weiß etwas damit anzufangen!" sagte Glea.
„Eines Tages werde ich es wissen!" rief Juro. „Wenn ich größer bin, gehe ich in den Süden, immer den Fluß entlang, bis ich Wagors Heimatdorf gefunden habe. Dann lerne ich dort Kupfer zu schmelzen und zu gießen, und dann komme ich wieder und mache für deinen Sohn ein Kupferbeil, wie Wagor eines gehabt hat. Dann wird er stolz sein auf seinen Vater! Ich bin sicher, so hätte Wagor es gewollt!"
Als Juro seinen eigenen Worten nachhorchte, begriff er, daß er selbst sich mit dem Gedanken abgefunden hatte, daß Wagor tot war. Aber er wußte: Er würde Wagor nie vergessen. Und eines Tages würde er zu jener Stelle im Hochgebirge zurückkehren und wieder nach

Kupfer graben. Ein Mann würde er dann sein, und ein Junge würde ihn begleiten, den er in alles einweihen würde: Wagors Sohn.

ERDE · WASSER FEUER · LUFT

Nicht die umfassende Wissensvermittlung steht im Vordergrund dieser Sachbuch-Reihe für Kinder zwischen acht und zehn, sondern eine lebendige Darstellung spannender Themen.

Gabriele Beyerlein
Gabriele Beyerlein erzählt von den Steinzeitjägern

Gabriele Beyerlein
Gabriele Beyerlein erzählt vom Mittelalter

Gabriele Beyerlein
Gabriele Beyerlein erzählt vom Gletschermann

Kirsten Boie
Kirsten Boie erzählt vom Angsthaben

Rainer Brand
Rainer Brand erzählt von der Entdeckung Amerikas

Werner Färber
Werner Färber erzählt vom Ballonfahren

Herbert Günther
Herbert Günther erzählt, wie ein Fernsehfilm entsteht

Horner und Gorman
Horner und Gorman erzählen von Dinosauriern

Gerd Küveler
Gerd Küveler erzählt vom Sonnensystem

Angelika Kutsch
Angelika Kutsch erzählt vom Büchermachen

Tilman Röhrig
Tilman Röhrig erzählt vom Ausbruch des Vesuv

Sigrid Zeevaert
Sigrid Zeevaert erzählt von den Walen

Die Oetinger Kindersachbuch-Reihe